Inhalt

Sanfte Revolution - die Nutzung von Social Media wird die Arbeitswelt zunehmend demokratisieren

Kernthesen

Beitrag

Fallbeispiele

Weiterführende Literatur

Impressum

Sanfte Revolution - die Nutzung von Social Media wird die Arbeitswelt zunehmend demokratisieren

Harald Reil

Kernthesen

- Im Vergleich zu 2010 ist das Interesse von Unternehmen an der Nutzung von Social Media auch für interne Prozesse gewaltig gestiegen.
- Softwarefirmen wie Microsoft oder Tibco streiten sich mit ihren sozialen Kollaborationsplattformen für Firmen um einen wachsenden Markt.
- Die effiziente Arbeit mit Social Media setzt

allerdings einen paradigmatischen Kultur- und Bewusstseinswandel voraus.
- Seine Kennzeichen sind ein Abbau von Hierarchien, ein damit zusammenhängendes Aufbrechen von verkrusteten Strukturen und genuine Partizipation.
- Die Vermutung liegt nahe, dass die Nutzung von Social Media in der Arbeitswelt diesen Kultur- und Bewusstseinswandel von sich aus herbeiführen wird.

Beitrag

Immer mehr Firmen interessieren sich für Social Media zur Regelung interner Prozesse

Social Media als Instrument der Kundenkommunikation sind in vielen Unternehmen nicht mehr wegzudenken. Weniger weit sind diese hingegen bei ihrer internen Nutzung. Zumindest gibt es Experten, die meinen, dass es in dieser Hinsicht noch eine Menge Luft nach oben gibt. Diese Einschätzung mag zwar zutreffen, klar ist aber auch, dass eine stetig wachsende Zahl von Firmenvordenkern sozialen Plattformen zur Organisation interner Prozesse ein gesteigertes Interesse entgegenbringt. Die Untersuchung "Enterprise 2.0 - Status Quo 2013" hat zum Beispiel festgestellt, dass sich 60 Prozent der Unternehmen mit der Verwendung von Social Media zur Regelung von Interna zumindest beschäftigen. Im Vergleich zum Jahr 2010 bedeutet das immerhin einen Anstieg von 23 Prozent. Im Vordergrund steht dabei die Optimierung der internen Kommunikation. Vor drei Jahren war das wichtigste Ziel hingegen noch die Verbesserung des Wissensmanagements. Verantwortlich für die Studien der Jahre 2010 und 2013 zeichnen die Hochschule RheinMain und die Consulting-Firma embrander. (1), (2), (4), (5)

Soziale Unternehmensnetzwerke: Yammer, Tibbr und Jive

Das vermehrte Interesse von Unternehmen an der internen Verwendung von Social Media zeigt sich auch an folgender Entwicklung: Da viele IT-Experten Facebook und Co. als Kollaborationsplattformen für wenig sicher halten, wollen Softwareunternehmen diese Lücke besetzen. Eines davon ist Microsoft. Der Konzern hat für das Firmennetzwerk Yammer eine Menge Geld in die Hand genommen - 1,2 Milliarden

Dollar, um genau zu sein. Diesen Riesenbetrag hätte das Unternehmen kaum investiert, würde es nicht an die Zukunft von Social Media auch für den firmeninternen Einsatz glauben. Auch andere Unternehmen wittern das große Geld. Der in Kalifornien ansässige Softwareproduzent Tibco hat mit Tibbr ein soziales Firmennetzwerk im Angebot, das beispielsweise die Unternehmensberatung KPMG und der Bus- und Lastwagenbauer Scania in Anspruch nehmen. Auf Jive, die soziale Kommunikationsplattform des in Palo Alto ansässigen Anbieters Jive Software, vertraut unter vielen anderen Unternehmen zum Beispiel auch Nike. (5)

Entscheidend sind Offenheit und Vertrauen

Entscheidend für den erfolgreichen internen Einsatz von Social Media ist allerdings eine Unternehmenskultur, die die Mitarbeiter nicht nur auffordert, sie zu nutzen, sondern sie auch ermutigt, dies ohne Beklemmung zu tun. Gegenseitiges Vertrauen und Offenheit sind dafür die unbedingte Voraussetzung. Gerade in dieser Beziehung scheint es aber noch in vielen Unternehmen zu hapern. Dass sich die Mitarbeiter die nötige Medienkompetenz aneignen, um auf sozialen Plattformen zu arbeiten, ist also nur die eine Seite der Medaille; ebenso entscheidend ist es, einen grundlegenden Wandel anzustoßen, der verkrustete Strukturen, die sich oft über Jahrzehnte hinweg herausgebildet haben, aufbricht, der die Angst vor Hierarchien abbaut und der die gemeinsame Projektarbeit in den Vordergrund rückt. (3), (8)

Trends

Social Media als Grundlage für einen Kulturwandel

Zukunftsprognosen sind natürlich immer mit Vorsicht zu genießen. Es bleibt allerdings zu hoffen, dass Karl Marx wenigstens mit einem seiner Dikta Recht behält. "Es ist nicht das Bewusstsein der Menschen, das ihr Sein, sondern umgekehrt ihr gesellschaftliches Sein, das ihr Bewusstsein bestimmt", lautet eine berühmte Maxime. Auf die technologische Revolution übertragen, die uns auch die Social Media beschert hat, lässt sich dieser Satz folgendermaßen auslegen: Der Einsatz von Social Media wird die Organisationsstruktur in Unternehmen grundlegend verändern und die Angestellten - fast ist man geneigt zu sagen, zwingen, würde man damit nicht dem Geist des libertären Wandels Gewalt antun - immer enger und weitgehend frei von hierarchischen Schranken zusammenzuarbeiten. Dies wird hoffentlich zu einer Demokratisierung der Arbeitswelt führen, die mit ihren althergebrachten Ständemustern noch weit eher der Feudalgesellschaft des Mittelalters ähnelt als einer demokratisch-freiheitlichen Organisation. Dieser Wandel, der hoffentlich bevorsteht, mag für ältere Arbeitnehmer ungewohnt sein, jüngere Angestellte werden damit keine Probleme haben. Sie nutzen Social Media bereits in ihrer Freizeit und werden darauf auch im Arbeitsleben nicht verzichten wollen. Stimmen diese Annahmen, dann wird der interne Einsatz von Social Media nicht nur die Arbeitswelt revolutionieren, sondern auch den Kulturwandel herbeiführen, der jetzt noch von vielen herbeigesehnt wird. (6), (8)

Fallbeispiele

Deutsche Telekom setzt Social Media zum Wissensmanagement ein

Die Deutsche Telekom nutzt Social Media bereits für

das Wissensmanagement. Zwei Beispiele: Angestellte des Telekommunikationskonzerns erläutern mithilfe von Videos neue Produkte. Die Aufzeichnungen können andere Mitarbeiter zu Trainingszwecken abrufen. Das Telekom Social Network erlaubt dem hauseigenen Personal, ihre Expertisen zu präsentieren. Kollegen, die einen Fachmann für eine bestimmte Aufgabe suchen, haben über diese Plattform Zugriff auf diese Informationen. So sind sie in der Lage, schneller als früher den richtigen Ansprechpartner zu finden und damit ihre Produktivität zu erhöhen. (3)

Britische Unternehmen nutzen Social Media deutlich mehr als deutsche

In Europa sind Unternehmen des Vereinigten Königreichs besonders progressiv, was den Einsatz von Social Media zum Zweck der internen Zusammenarbeit betrifft. Deutsche Firmen haben verglichen damit Aufholbedarf. (6)

Bene forciert Social-Media-Know-how auch innerhalb des Konzerns

Bene, ein Unternehmen, das sich auf den Verkauf von Büromobiliar spezialisiert hat, versteht sich als Speerspitze einer Bewegung, die auf Social Media nicht nur im Marketingmix vertraut. Auch für interne Zwecke wird der Einsatz der modernen Kommunikationsplattformen großgeschrieben. So nutzt Bene Social Media zum Beispiel für die Mitarbeiterfortbildung. Das bietet sich an, da der Büromöbelspezialist in 35 Ländern vertreten ist. Ein weiteres Beispiel für den internen Einsatz von Social Media ist der Bene Trend Spion. Mit seiner Hilfe halten Außenstellen die Zentrale über Entwicklungen vor Ort auf dem Laufenden. Die Kommunikationsrichtlinien hat Bene im Druck und per Videoinfo festgezurrt, ohne die Mitarbeiter dabei zu gängeln. Außerdem hat das Unternehmen mit Hauptsitz in Österreich die Guidelines publik gemacht, damit Interessenten einen Einblick gewinnen, welche Kommunikationskultur im Unternehmen herrscht. Um die Angestellten für einen verantwortungsvollen Umgang mit Social Media zu sensibilisieren, arbeitet Bene zudem mit der Agentur create.at zusammen. (7)

BMW-Experten bauen auf Social-Media-Plattformen zum Brainstorming

BMW-Fachleute setzen bereits seit 2007 auf die Social-Media-Plattform Red Square (www.redsquare-innovation.de). Ursprünglich für die Autoindustrie konzipiert, nehmen das Portal mittlerweile auch Unternehmen aus anderen Branchen in Anspruch. Das Ziel ist der Austausch von Ideen, um Innovationen zu entwickeln. BMW geht aber noch einen Schritt weiter. Auf dem Social-Media-Portal Co-Creation Lab (www.bmwgroup-cocreationlab.com/cocreators) können auch Externe ihre Einfälle publik machen und den Automobilhersteller bei seiner Innovationsarbeit unterstützen. Rund 2 500 User haben dort bisher über 1 300 Anregungen veröffentlicht. (8)

Weiterführende Literatur

(1) Interview mit Referent Holger Ahrens
aus CIO - IT-Strategie für Manager, Meldung vom 21.02.2013

(2) Nutzung von Sozial Media
aus Allgemeine Zeitung vom 14.05.2013

(3) "Social Media ermöglichen mehr als Wissensmanagement"
aus wirtschaft&weiterbildung, Vol. 20, Heft 10/2012, S. 25

(4) Die Mitmach-Kultur ist ausbaufähig

aus - Personalwirtschaft, Heft 09/2012, S. 46-48

(5) Netzwerke für Kollegen
aus Frankfurter Allgemeine Zeitung, 17.06.2013, Nr. 137, S. 22

(6) Serie
aus Der Kontakter Nr. 34 vom 22.08.2013, S. 20

(7) Bene setzt auf bewussten Umgang mit Social Media
aus "Medianet" Nr. 1674/2013 vom 21.08.2013 Seite 4

(8) Arbeitsplatz der Zukunft mit Fallstudien von BMW und AVL
aus - HMD - Praxis der Wirtschaftsinformati, Heft 287/2012, S. 69-76

Impressum

Sanfte Revolution - die Nutzung von Social Media wird die Arbeitswelt zunehmend demokratisieren

Bibliografische Information der deutschen Nationalbibliothek

Die Deutsche Nationalbibliothek verzeichnet diese Publikation in der deutschen Nationalbibliografie; detaillierte bibliografische Daten sind im Internet über http://dnb.d-nb.de abrufbar.

ISBN: 978-3-7379-0404-9

© 2015 GBI-Genios Deutsche Wirtschaftsdatenbank GmbH, Freischützstraße 96, 81927 München, www.genios.de

Alle Rechte vorbehalten. Dieses Werk ist einschließlich aller seiner Teile – z.B. Texte, Tabellen und Grafiken - urheberrechtlich geschützt. Jede Verwertung außerhalb der Grenzen des Urheberrechtsgesetzes bedarf der vorherigen Zustimmung des Verlags. Dies gilt insbesondere auch für auszugsweise Nachdrucke, fotomechanische Vervielfältigungen (Fotokopie/Mikroskopie), Übersetzungen, Auswertungen durch Datenbanken oder ähnliche Einrichtungen und die Einspeicherung und Verarbeitung in elektronischen Systemen.